Belehrung

über den

Wucher.

Ein Schutz gegen Schädigung

mit Fingerzeigen für Jedermann.

—

Nach dem neuen Wuchergesetze bearbeitet

von

C. Pfafferoth,

Kanzleirath im Reichs-Justizamt.

—

Preis 50 Pfennige.

Berlin 1893.

J. J. Heines Verlag.

Belehrung

über den

Wucher.

Ein Schutz gegen Schädigung

mit Fingerzeigen für Jedermann.

Nach der neuesten Reichs-Gesetzgebung bearbeitet

von

C. Pfafferoth

Kanzleirath im Reichs-Justizamt.

Preis 50 Pfennig.

Berlin 1893

J. J. Heines Verlag.

Vorwort.

Die nachstehende Abhandlung will allen Denjenigen, die dem Wucher zum Opfer gefallen sind oder befürchten, eine Beute desselben zu werden, ebenso aber auch den Geschäftsleuten, welche zu Unrecht der in den Wuchergesetzen bezeichneten Verfehlungen bezichtigt werden und den angedrohten schweren Strafen entgehen wollen, in leicht verständlicher Darstellung ein Mittel an die Hand geben, um sich schnell und leicht über die höchst verwickelten Rechtsverhältnisse zu belehren und ihre daraus entspringenden Rechte und Pflichten kennen zu lernen, sowie zugleich die Wege zeigen, auf welchen sie am besten diese Rechte und Pflichten verwirklichen können, sei es, daß sie noch retten möchten, was zu retten ist, sei es, daß sie sich vor ungerechtfertigten Verdächtigungen, Anfechtungen und vor Bestrafung schützen wollen.

Berlin, im Mai 1893.

Inhalts-Uebersicht.

I. Einleitung.

Von jeher hat es Menschen gegeben, welche, mit geriebener Geschäftsgewandtheit und häufig auch mit grausamer Herzlosigkeit ausgerüstet, es durch allerhand Schliche verstanden, aus dem Geldbedürfniß Anderer und zwar zumeist der wirthschaftlich Unreifen und Unerfahrenen sich übermäßige Gewinne zu beschaffen. Die schrecklichen Wirkungen dieses verwerflichen Treibens treten in allen Bevölkerungsklassen, besonders auch in den ländlichen und kleinbürgerlichen, fort und fort zu Tage und werden überall schwer empfunden.

Dem planmäßigen Bestreben der Wucherer, allmählich die Herrschaft über die gesammte wirthschaftliche Existenz des Schuldners zu erlangen, müssen die verschiedenartigsten Rechtsgeschäfte und Rechtsformen dienen. Die Geschicklichkeit, mit der dabei die Verhältnisse verdunkelt und verschleiert, die Heimlichkeit, mit der die Geschäfte beiderseits gewöhnlich umgeben werden, bilden hauptsächlich die Ursache, weshalb dieser so viele Existenzen vernichtende Krebsschaden bisher sich ungehindert ausbreiten konnte. Denn solange die Höhe und Art der Vergütung für Darlehen und andere kreditirte Forderungen der freien Vereinbarung überlassen war, fehlte es an einer Handhabe, gegen dieses Übel vorzugehen. Erst durch das Wuchergesetz vom 24. Mai 1880 ist wenigstens gegen diejenigen Mißbräuche der vertragsmäßigen Zinsfreiheit, welche nach den angewendeten, wucherischen Mitteln als die schwersten erschienen, ein gewisser Schutz gewährt, dem nunmehr durch die neueste Gesetzgebung eine umfangreichere Tragweite und kräftigere Wirksamkeit verliehen worden ist.

Wenn es gleichwohl immer noch nicht möglich sein wird, dem Uebel überall beizukommen, so liegt dies vor Allem an der Schwierigkeit, eine solche gesetzliche Begriffsbestimmung für den Wucher zu finden, welche weder dem Handel und Verkehr unnöthige Hemmnisse bereitet, noch auch die Anwendung auf die wesentlichsten Fälle der Bewucherung allzu sehr erschwert.

Soll daher die neue Gesetzgebung segensreich wirken und dem Volke den beabsichtigten Nutzen bringen, so wird es mehr als sonst reicher Lebenserfahrung und Weisheit der betreffenden Staatsorgane bedürfen.

Sehr schwer wird es aber, zumal bei der verklausulirten Fassung des Gesetzes, naturgemäß dem Laien, dem Gewerbetreibenden, dem Landmann u. a. fallen, das nöthige Verständniß desselben zu gewinnen, um die Tragweite dieser wichtigen Vorschriften ermessen und würdigen zu können.

Die Maßregeln gegen den Wucher liegen theils auf strafrechtlichem, theils auf civilrechtlichem Gebiet. Der dem Bewucherten gewährte Schutz kann also sowohl bei dem Strafgericht wie auch bei dem Prozeßgericht nachgesucht und verfolgt werden. Welcher Weg sich in dem einzelnen Fall als der geeignete empfiehlt, wird später erörtert werden.

Da die vor dem Prozeßgericht geltend zu machenden Ansprüche in allen Fällen an die Strafbarkeit des Wuchers anknüpfen, so erscheint es angezeigt, zunächst darüber Klarheit zu schaffen.

II. Wann liegt strafbarer Wucher, insbesonders sogenannter Kreditwucher vor?

Nach der Volksmeinung gilt als Wucher jede Art der geschäftlichen Uebervortheilung. Anders im juristischen Sinne. Zunächst unterscheidet man hier zweierlei Arten, den sogenannten Geld- und Kreditwucher und den sogenannten Sachwucher. Der Unterschied zwischen beiden ergiebt sich im Allgemeinen schon aus der Bezeichnung.

Dieselbe kommt zwar im Gesetze selbst nicht vor, wird aber der leichteren Uebersichtlichkeit wegen fernerhin hier angewendet werden.

Das Gesetz giebt nun zur Kennzeichnung des strafbaren Kreditwuchers eine ganze Reihe von Merkmalen, d. i. von Voraussetzungen und Erfordernissen, deren Vorhandensein in ausreichendem Maße nachgewiesen sein muß, wenn eine Bestrafung eintreten soll. Eine bloße Vermuthung genügt in dieser Hinsicht nicht.

Fehlt es auch nur an einer dieser Voraussetzungen, läßt sich auch nur eines dieser Erfordernisse nicht als thatsächlich vorhanden feststellen, so kann von einem strafbaren Wucher nicht die Rede sein.

Diese Erfordernisse, welche bei jedem Wucherfalle gleichzeitig zusammentreffen müssen, sind folgende:

Erstens ist der strafbare Wucher durch die Erlangung von Vermögensvortheilen bedingt.

Solche sind nicht nur in der Vermehrung des Vermögens, sondern auch in jeder dauernden oder vorübergehenden Verbesserung der Vermögenslage zu erblicken.

Sie können bestehen in Zuwendungen jeglicher Art an Geld oder Geldeswerth, gleichviel wie man sie bezeichnet, also z. B. Zinsen, Provisionen, Spesen, Rabatt, Inkassogebühren, Prolongationsgebühren, Extravergütung, Konventionalstrafen, Gewinn durch vorzeitige Zahlung, Differenz zwischen gezahltem Darlehn und verschriebener Summe, Erstattung von Auslagen in einem die wirklich entstandene Summe übersteigenden Betrage u. a. m.

Vermögensvortheile liegen ferner aber auch darin, wenn man Waaren oder andere Gegenstände übereignet erhält, wenn einem Forderungen abgetreten werden, in der Erlangung einer Bürgschaft oder sonstigen Sicherheit, in Abwälzung des Risikos auf Andere, Abwendung oder Aufschub einer Zwangsvollstreckung, Erlangung von Waarenabsatz mit Gewinn, der Kundschaft eines Anderen, Erhöhung des Geschäftsumsatzes, Beseitigung der Konkurrenz u. dgl.

Als Wucherer erscheint nun ein Jeder, weß Standes oder Berufs er auch sei, der solche Vermögensvortheile — (unter den noch anzuführenden Bedingungen) — **sich oder einem Dritten, auch wenn dieser nicht mitschuldig ist, gewähren oder auch nur versprechen läßt.**

Dies gilt auch für Gesellschaften, Korporationen, Banken, Inkassogeschäfte und sonstige Geldinstitute, für die allerdings nur der Vertreter haftbar ist.

Ob das Versprechen rechtsgültig und realisirbar ist, bleibt ohne Bedeutung. Jedenfalls muß es in ernstgemeinter, bindender Weise, — sei es schriftlich oder nur mündlich — abgegeben sein. Ebenso muß die ausdrückliche oder stillschweigende Annahme des Versprechens seitens des Gläubigers oder des Dritten, in letzterem Falle außerdem das Einverständniß des Gläubigers vorliegen.

Auch darauf, ob das Versprechen ganz aus freien Stücken oder erst in Folge Einwirkung oder auf Verlangen des Gläubigers oder eines Dritten abgegeben ist, kommt es hier durchaus nicht an.

Freiwillige Geschenke, welche erst nach der Hingabe des Darlehns oder nach der Abwickelung des Geschäfts aus Erkenntlichkeit gemacht werden, können jedoch den wucherlichen Vortheilen nur dann gleichgeachtet werden, wenn von ihnen die Hingabe des Darlehns, die Stundung oder sonstige Leistung abhängig gemacht worden ist; anderenfalls enthält die Annahme von Geschenken, und mögen sie auch noch so groß und werthvoll sein, nichts Strafbares.

Zweitens dürfen solche Vortheile nur aus einem der nachstehend bezeichneten Geschäfte herrühren:

a) **aus einem Darlehnsgeschäft.** Darunter versteht man ein Geschäft, bei dem Jemand einem Andern eine Summe Geldes*) gegen das Versprechen der Rückgabe

*) Statt des Geldes können auch Waaren und Gegenstände, welche sich in gleicher Art zurückerstatten lassen, gegeben werden, z. B. Kartoffeln, Korn, Mehl, Spiritus, Aktien u. dgl.

eines gleichen Betrages verabfolgt. Ein Darlehn kann gegen Schuldschein, Pfandschein, Wechsel u. dgl. oder auch ohne etwas Schriftliches gegeben werden.

Das Geld braucht ursprünglich gar nicht baar geliehen zu sein, vielmehr kann die Sache auch so liegen, daß aus Lieferungs- oder sonstigen Geschäften eine Restschuld verblieben ist, die dann als Darlehen weiter kreditirt werden soll.

Ob der Betrag an den Geldsucher persönlich oder an eine von diesem bezeichnete andere Person (etwa an einen Gläubiger desselben) gezahlt worden ist, macht hier keinen Unterschied. Ebensowenig kommt es darauf an, ob der Darleiher das Geld aus eigenen Mitteln giebt oder sich dasselbe erst von Anderen beschafft hat.

b) **aus der Stundung einer Geldforderung.** Das ist ein weiteres Gebiet, auf dem der Wucher vorzugsweise gedeiht und wirksam wird. Denn es handelt sich hier nicht etwa bloß um Forderungen aus Darlehen, sondern ganz allgemein um Geldforderungen jeglicher Art, mögen sie herstammen, woher sie wollen, z. B. aus Kaufgeschäften, Lieferungen, Wechseln, Miethen, Arbeitslohn, aus Spiel oder Spekulationen u. a. m. Darauf, ob die Geldforderung zu Recht besteht, einklagbar und unanfechtbar sei, kommt es hier, ebensowenig wie beim Darlehn an.

c) **aus einem anderen zweiseitigen Rechtsgeschäft, welches denselben wirthschaftlichen Zwecken dienen soll, wie das Darlehen oder die Stundung.** Zweiseitige Rechtsgeschäfte sind solche, durch welche gegenseitige Leistungen verabredet werden, wie z. B. der Kauf von Gegenständen, Forderungen oder Rechten, Verträge über Abtretung von Rechtsansprüchen, Tauschverträge, Lieferungsverträge u. a. Nur insoweit kommen solche Geschäfte hier mit in Betracht, als sie die Befriedigung des Geld- und Kreditbedürfnisses in derselben Weise bezwecken, wie solches durch Darlehen und Stundung erfolgt; z. B. wenn Jemand, um Geld zu erhalten, sein Anwesen gegen Angeld unter Beding des Rückkaufs auf einige Zeit veräußert. Es muß sich dabei also gleichfalls um die längere oder kürzere zeitweise Nutzung fremden Kapitals, sei es zu Verbrauchszwecken, sei es zur Vermehrung irgend welcher produktiven Thätigkeit handeln.*)

Derartige Geschäfte sind durch die neueste Wucher-Gesetzgebung hinsichtlich der Strafbarkeit des Wuchers dem Darlehen und der Forderungsstundung gleichgestellt. Es soll dadurch verhindert werden, daß, wie bisher, das Gesetz umgangen wird, indem man z. B. dem ein Darlehen nachsuchenden Geldbedürftigen, statt ihm gegen Zins Geld zu leihen, sein Mobiliar unter Zubilligung des Rückkaufsrechts zu einem weit unter dem eigentlichen Werth der Mobilien stehenden Preis abkauft, oder indem man, wie es vorgekommen ist, mit dem Geldbedürftigen abmacht, daß er gegen ein Angeld (in Höhe des gewünschten Darlehens) eine Anzahl Scheffel Roggen zu einem hinter dem Marktpreise um einen bestimmten Betrag zurückbleibenden Preise zu liefern, im Falle der Nichtlieferung aber das Angeld nebst einer Konventionalstrafe in Höhe der Preisdifferenz zurückzuzahlen habe. Ueber die Verschleierung derartiger Geschäfte und über die Berührung mit dem sogen. Sachwucher wird später gesprochen werden.

Drittens müssen die erzielten Vermögensvortheile den üblichen Zinsfuß überschreiten.

Da seit 1867 bekanntlich eine feste Zinstaxe nicht mehr besteht, vielmehr die Höhe und Art der Vergütung für Darlehen 2c. völlig der freien Vereinbarung überlassen ist, so muß in jedem einzelnen Falle der übliche Zinsfuß — d. h. der Betrag des Jahreszinses von einem Kapital von 100 Mark — ermittelt und festgestellt werden. Das kann also nur nach den allgemeinen Kreditverhältnissen, nach den Verhältnissen von Angebot und Nachfrage unter Berücksichtigung von Zweck und Natur

*) Die sonst im gewöhnlichen Leben übliche Unterscheidung zwischen wirthschaftlichen und unwirthschaftlichen Ausgaben ist hier nicht anwendbar.

des betreffenden Geschäfts erfolgen. Die Kreditverhältnisse werden häufig schwanken, z. B. aus Anlaß von Handelskrisen, Seuchen, Kriegsgefahr, Mißernten u. dgl. Deshalb ist natürlich auch Ort und Zeit des Geschäftsabschlusses, des Schuldscheins 2c. maßgebend. Ist z. B. ein Zinsversprechen für ein Darlehen am 10. April 1893 in Leipzig abgegeben, so wird man die Frage zu beantworten haben: Welcher Zinsfuß war am 10. April 1893 in Leipzig bei Darlehen üblich? Bei Handelsgeschäften und beim Wechselregreß giebt es übrigens einen gesetzlichen Zinsfuß von 6 pCt.

Zunächst nun ist der Werth der Vermögensvortheile zu berechnen, was manchmal, besonders bei gewagten Geschäften, bei bedingtem oder erst später erwachsendem Gewinne nicht leicht ist. Da wird denn die Veranschlagung häufig nur nach Wahrscheinlichkeitsberechnung oder, wenn auch diese versagt, durch Schätzung möglich sein.

Ist z. B. eine Wechselschuld von 60 Mark gegen Ausstellung eines neuen Wechsels über 65 Mark auf 2 Monate prolongirt worden, so stellt der Gewinn von 5 Mark, welcher auf 12 Monate $6 \times 5 = 30$ Mark betragen würde, von einem Kapital von 100 Mark berechnet, $\frac{100 \times 30}{60} = 50$, also einen Zinsfuß von 50 pCt. dar.

Sind gegen Schuldschein 300 Mark zu 5 pCt. Zinsen auf 6 Monate verliehen, dem Schuldner aber statt 300 Mark nur 280 Mark gegeben worden, so kann der für 6 Monate in Abzug gebrachte Gewinn von 20 Mark für das Jahr auf 40 Mark angesetzt werden, dazu kommen noch an jährlichen Zinsen $3 \times 5 = 15$ Mark, und dieser Gesammtvortheil von $40 + 15 = 55$ Mark auf's Jahr repräsentirt von dem wirklich gezahlten Darlehnskapital einen Zinssatz von $\frac{100 \times 55}{280} = 19{,}6$ pCt.

Das bloße Ueberschreiten des üblichen Zinsfußes kann nun aber das Geschäft noch nicht zu einem strafbaren machen. Es kommt Folgendes dazu:

Viertens muß die Ueberschreitung des üblichen Zinsfußes eine so erhebliche sein, daß nach den Umständen des Falles die Vermögensvortheile in auffälligem Mißverhältniß zu der Leistung (Ueberlassung der Darlehnssumme u. a.) stehen.

Bei Abwägung der Vortheile und der Gegenleistung des Gläubigers muß das Interesse des Gläubigers und des Schuldners mit in's Auge gefaßt werden. Einerseits kommen alle Vortheile, die dem Schuldner daraus erwachsen können, in Betracht. Andererseits fällt für den Gläubiger die Mühe und Unbequemlichkeit der Beschaffung, Beaufsichtigung, zeitweisen Entbehrung, Wiederanlegung des Geldes nach Rückempfang sowie insbesondere das Risiko der Rückgewähr in's Gewicht.

Ob ein „auffälliges Mißverhältniß“ zwischen den Vermögensvortheilen und der Gegenleistung vorliegt, ist jedesmal nach den Umständen des bestimmten Falles zu beurtheilen. Ein hoher Zinssatz allein reicht dafür keinesfalls aus. Dabei ist zu bedenken, daß was dem dem praktischen Leben Fernstehenden auffällig erscheint, dies durchaus nicht auch dem Geschäftsmann immer zu sein braucht.

In jedem Falle wird demnach die Kreditwürdigkeit und die Vermögenslage des Schuldners zur Zeit des Geschäftsabschlusses zu untersuchen sein, ob baldige Besserung derselben (etwa durch bevorstehende Bezüge, Erndten, Erbschaften 2c.) in Aussicht stand, ob danach oder auch durch Vermögensstücke, Bürgschaften, Verpfändungen, Abtretung von Rechten u. a. m. die Rückgewähr des Kapitals genügend gesichert war, oder ob diese bloß von ungewissem Arbeitsverdienst, von dem Erfolge gewagter Geschäfte und zweifelhafter Spekulationen abhing. Dabei ist zu beachten, daß in den Zinsen meist eine Versicherungs- und Risikoprämie für den etwaigen Verlust des Kapitals, sowie auch eine Provision für die Mühwaltung der Hingabe und Rückforderung des Kapitals, für Buchführung

u. dgl. steckt. Diese Provision bleibt regelmäßig in gleicher Höhe, mag das Kapital auf kurze oder lange Zeit gegeben sein, und läßt, wenn sie nicht von der Verzinsung unterschieden wird, bei Darlehen auf kurze Zeit und von geringerem Betrage leicht den Zinsfuß für das Jahr als einen sehr hohen und übermäßigen erscheinen, während er es in Wirklichkeit nicht gewesen ist. Auch dem bloßen Vermittler können bei Stundungen für Beschaffung des Kapitals neue, wohl zu berücksichtigende Provisionen erwachsen.

Ein solches Mißverhältniß wird also in dem einen Falle schon darin zu erblicken sein, daß die Vortheile das Doppelte des üblichen Zinsfußes erreichen, während in einem anderen Falle die Vortheile zehnmal so hoch sein können, ohne als wucherlich zu erscheinen. Einige Beispiele werden dies deutlicher machen:

a) Ein vermögensloser Beamter, der vierteljährlich sein Gehalt bezieht, sieht sich außer Stande, die Kosten der gegen Ende des Vierteljahrs stattfindenden Einsegnung eines Kindes aus seinen Baarmitteln vollständig zu bestreiten und ist deshalb genöthigt, ein Darlehn von 80 Mark auf einen Monat aufzunehmen. Uebersteigt hier die Vergütung für den Monat den Betrag einer Mark, so wird damit der übliche Zinsfuß meist schon als derart überschritten gelten, daß darin ein Mißverhältniß zwischen Leistungen und Gewinn zu finden ist. Denn, wenn auch ein Theil der Vergütung als einmalige Geschäftsprovision gutgerechnet werden mag, so stellt doch der Rest immerhin noch einen Zinsfuß von 8 Prozent dar, der unter den obwaltenden Umständen, bei denen eine Verlustgefahr fast gänzlich ausgeschlossen erscheint, schon die Grenze wucherischen Verhaltens berührt.

b) Ein junger Mann, welcher 1000 Mark besitzt, erhält zur Begründung eines Geschäfts ꝛc. ein Darlehen von 3000 Mark auf längere Zeit unter Ausbedingung eines Antheils von 10 Prozent des Geschäftsgewinns neben 6 Prozent Zinsen von dem hineingegebenen Kapital. Hier wird ein auffälliges Mißverhältniß zwischen Leistung und

Vermögensvortheil nicht hervortreten, da das Darlehen lediglich auf die persönliche Sicherheit des Schuldners gewährt ist, die Gefahr des Verlustes des Kapitals also keine geringe ist, umsomehr als letzteres weitaus den größten Theil des Betriebskapitals bildet.

c) Ein Handwerker braucht ein Darlehn und verkauft, um solches zu erlangen, an B. eine Lebensversicherungspolice für 90 Mark, (worauf er aber nur 75 Mark gezahlt erhält), mit der Verpflichtung, die Police für dieselbe Summe von 90 Mark, in wöchentlichen Raten von 6 Mark zahlbar, zurückzukaufen. Der abgezogene Gewinn stellt von dem gezahlten Kapitalsbetrage von 75 Mark auf die Zeit von 4 Monaten, innerhalb welcher die Rückzahlung bezw. der Rückkauf zu erfolgen hat, einen Zinsfuß von 60 Prozent dar, der sich dadurch, daß der Gläubiger durch die Ratenzahlung weit früher in den Besitz und Genuß seines Kapitals gelangt, noch wesentlich erhöht und nach den Umständen des Falls ohne Zweifel ein Mißverhältniß zwischen Leistung und Gewinn zeigt.

Den voraufgeführten Merkmalen tritt nun noch ein weiteres Haupt-Erforderniß hinzu, nämlich:

Fünftens muß die Erzielung übermäßiger Vermögensvortheile
unter Ausbeutung der Nothlage oder des Leichtsinns oder der Unerfahrenheit eines Anderen
erfolgt sein.

Zunächst wirft sich hier die Frage auf, was mit „Ausbeutung", einem für den Wucher besonders bezeichnenden Ausdruck, gemeint ist?

Dazu gehört vor Allem, daß der Ausbeutende von der Nothlage oder dem Leichtsinn oder der Unerfahrenheit des Andern zur Zeit des Geschäftsabschlusses Kenntniß hatte, und dann daß er gleichwohl, seines unrechten, strafbaren Handelns sich bewußt, solchen Zustand zur Erlangung übermäßigen Gewinns ausnutzte und mißbrauchte.

Auch dafür sei ein Beispiel angeführt:

Ein junger Mann hat eine gute Stellung in Aussicht, deren Antritt aber von der vorherigen Regelung seiner Schuldverhältnisse abhängig gemacht worden ist. Es gelingt ihm, einen Geldmann dahin zu bewegen, daß er ihm ein Darlehn von 1500 Mark gegen 10 Prozent bei monatlicher ratenweiser Rückzahlung zu geben verspricht. In seiner Freude über den schnellen und erwünschten Abschluß ist der junge Mann so unvorsichtig, dem Darlehnsgeber den ganzen Sachverhalt zu erzählen. Letzterer zieht in Folge dessen seine Zusage zurück und verlangt nunmehr 20 Prozent Zinsen, indem er darauf spekulirt, daß unter den geschilderten Umständen die Forderung gewährt werden müsse. Hier tritt also die Ausbeutung offensichtlich zu Tage.

Eine Nothlage ist nun keineswegs etwa bloß dann vorhanden, wenn man von allen Mitteln entblößt, völlig rath- und aussichtslos dasteht und vor Mangel und Noth nicht ein noch aus weiß. Auch dann schon kann eine solche vorliegen, wenn gerade zur Zeit, wo unabwendbare Bedürfnisse zu befriedigen sind, die dazu erforderlichen baaren Geldmittel fehlen und weder durch den persönlichen Kredit mit geringeren Opfern, noch unter Benutzung sonstiger, bekannter und noch offener Hülfsquellen beschafft werden können.

Der schwerbedrängte Geldbedürftige muß sich also in die Zwangslage versetzt sehen, entweder eine nothwendige Zahlung nicht zu leisten und dem durch die Nichtleistung bedingten Uebel (Pfändung, Subhastation, Amtsverlust 2c.) sich zu unterwerfen oder Geld zu jedem Preise zu beschaffen. Eine solche plötzliche Geldverlegenheit kann auch einen sonst bemittelten Mann in Bedrängniß versetzen, insbesondere, wenn er seine Vermögensstücke nicht sofort in baares Geld umsetzen kann, oder aus Hindernissen die in seinem Berufe liegen, aus Scheu, seinen Angehörigen, Nachbarn und Bekannten seine Lage zu offenbaren u. dgl.

In der Gewährung von Geld zu produktiven Zwecken, zu gewerblichen, wirthschaftlichen Unternehmungen, welche einen erheblichen Gewinn zu bringen versprechen, wird dagegen in der Regel und zumal, wenn der Unternehmer die nöthige Intelligenz, Gewandtheit und Thatkraft besitzt, eine Ausbeutung der Nothlage ohne Weiteres nicht zu finden sein. Anders wenn das Geld zur Ermöglichung der Weiterführung eines die hauptsächlichste Nahrungsquelle des Empfängers bildenden Gewerbes oder sonstigen Berufs gebraucht wird oder lediglich zu rein konsumtiven Zwecken gegeben ist (z. B. zum Lebensunterhalt oder auch reichen Verschwendern), wo der Zinsfuß nicht durch den Geldwerth des erhofften Nutzens, sondern lediglich durch die Bedrängniß auf der einen und die Habsucht auf der anderen Seite bestimmt wird.

Ohne Bedeutung ist hierbei, ob und wodurch etwa die Nothlage verschuldet ist. Jedenfalls muß sie in der Wirklichkeit und nicht bloß in der Einbildung des Bedürftigen bestehen oder auf Irrthum beruhen. Zuweilen wird es von der Klugheit und Ausdauer des Kreditbedürftigen abhängen, ob eine bloß vorübergehende Geldverlegenheit sich gleich zu einer wirklichen Nothlage gestaltet.

Leichtsinn und Unerfahrenheit bilden ein sehr ergiebiges Feld für wucherische Ausbeutung. Ob gerade diese Eigenschaften den Kreditbedürftigen zu dem Geschäftsabschluß bestimmt haben, muß für jeden Fall dargethan werden, wobei allerdings eine Rücksichtnahme auf die gesammte Lebensweise des Kreditbedürftigen und auf seine Neigungen nicht ausgeschlossen ist.

Leichtsinnig verfährt bei einem Geschäft, wer zwar der für ihn daraus zu erwartenden, nachtheiligen oder lästigen Folgen sich bewußt ist oder sie bei einiger Aufmerksamkeit wenigstens voraussehen konnte, gleichwohl sorgloser oder unbedachter Weise ihnen nicht die gebührende Bedeutung beilegt; z. B. wer mit Umgehung seiner Angehörigen zu Vergnügungen und zur Befriedigung nobler Passionen Geld borgt, ohne um die Folgen sich zu kümmern. Hat der Geldsucher von Hause aus gar nicht die Absicht gehabt, das Geld zurückzugeben oder die Unmöglichkeit, dies zu thun, von vornherein gekannt, so kann sich derselbe übrigens, wenn der Vertrag auf Täuschung beruht, des Betruges schuldig machen.

Unerfahrenheit bedeutet nicht bloß geistige Beschränktheit, sondern es ist darunter vor Allem der Mangel an Lebens- oder Geschäftserfahrung zu verstehen, welcher den Bewucherten hindert, ein Verständniß von der rechtlichen Natur oder auch der wirthschaftlichen Bedeutung des mit ihm abgeschlossenen wucherischen Geschäfts zu gewinnen, so daß er deshalb also auch nicht vermag, sich die Art und Schwere der Bedingungen, unter denen ihm ein Darlehn oder eine Stundung gewährt wird, klar zu machen. Leuten von geringerer Intelligenz wird es z. B. schwer werden, bei scheinbar geringen Vergütungen für kurze Fristen die Uebermäßigkeit des Zinssatzes zu erkennen, wie auch die verwickelten und schwierigen Verhältnisse bei Wechselgeschäften für den schlichten Verstand einfacher Landleute meist unfaßbar sind.

Eine solche Unerfahrenheit kann auch darin erblickt werden, wenn der Geldsucher, von der vorhandenen Möglichkeit, auf andere Weise das Geld, dessen er bedarf, sich zu beschaffen, in Folge mangelnder geschäftlicher oder sonstiger Erfahrung keine Kenntniß hat und jene Gelegenheit nicht benutzt, sondern sich unnöthig schwere Opfer auferlegen läßt.

Aus der Zusage hoher Zinsen allein rechtfertigt sich noch nicht ohne Weiteres die Annahme von Leichtsinn oder Unerfahrenheit. Denn das Versprechen hoher Zinsen kann auch hervorgehen aus der Absicht, eine großen Gewinn verheißende Unternehmung durchzuführen, oder aus anderen Gründen, welche den Schuldner bestimmen, in voller Würdigung des Einflusses des Geschäfts auf seine wirthschaftliche Gesammtlage — also nicht leichtsinnig — und in voller Einsicht in die Tragweite der bewilligten Vermögensvortheile und in die Bedeutung des eingegangenen Geschäfts — also nicht unerfahren — vorzugehen.

Minderjährigen ist übrigens, wie hier noch kurz bemerkt werden mag, die Fürsorge des Gesetzes noch in weiterem Umfange zugewendet worden, insofern als es, ohne daß Wucher vorzuliegen braucht, schon für strafbar erklärt worden ist, wenn Jemand von einem Minderjährigen unter Benutzung des Leichtsinns oder der Unerfahrenheit desselben sich überhaupt bloß ein Zahlungsversprechen mündlich oder schriftlich ertheilen läßt, es sei denn, daß es mit väterlicher oder vormundschaftlicher Genehmigung geschieht. Eine Bestrafung dieser selbständigen, nicht als Wucher geltenden Verfehlung erfolgt aber immer nur auf Antrag.

III. Wodurch erhöht sich die Strafbarkeit des Wuchers?

Es giebt einige erschwerende Umstände, deren Hinzutreten zur Wucherhandlung eine Strafschärfung zur Folge hat. Dies geschieht in folgenden Fällen:

1. Wenn der des Wuchers Schuldige sich oder einem Dritten die wucherlichen Vermögensvortheile **verschleiert** hat versprechen lassen.

Die Verschleierung besteht darin, daß die Art und der Umfang der versprochenen oder gewährten Vermögensvortheile in den Bedingungen oder in der Form des Geschäfts nicht zum wahren Ausdruck kommt, d. h. also die äußere Form des Vertrages nicht dem zu Grunde liegenden eigentlichen Willen entspricht. Die benutzte Geschäftsform muß also nur ein Deckmantel zu dem Zwecke sein, daß die Vortheile sich nicht oder doch nur schwer als solche, die für ein Darlehen, eine Stundung u. dgl. zugesichert sind, erkennen lassen, damit auf diese Weise der Schuldner oder irgend eine dritte Person über den wahren Charakter der Vortheile getäuscht werde.

Dies trifft z. B. in dem Falle zu, wenn der Schuldschein, Wechsel u. dgl. über einen höheren Betrag ausgestellt wird, als wirklich gezahlt worden ist, oder wenn der Darlehnsnehmer gegen Geldempfang dem Geldgeber noch

Waaren oder andere Gegenstände (wie Cigarren, Loose u. dgl.), und zwar meist gegen hohe Preise, abkaufen muß.

Der Zweck der Verschleierung, ob dieselbe von beiden Theilen beabsichtigt und verabredet und ob der Schuldner dadurch getäuscht worden, ist hierbei gleichgültig. Es genügt, wenn der Geldgeber dem Geschäft den trügerischen Schein gegeben hat oder hat geben lassen. Bei schriftlicher Beurkundung eines Vertragsverhältnisses wird zwar vermuthet, daß die Urkunde den wirklichen und endgültigen Vertragswillen zum Ausdruck bringt; entscheidend bleibt aber immer nur dieser Vertragswillen, besonders wenn danach thatsächlich nicht das beurkundete, sondern ein abweichend hiervon mündlich verabredetes Geschäft gelten soll.

Da fernerhin außer Darlehen und Stundung auch noch andere der Krediterlangung dienende Rechtsgeschäfte (siehe Seite 9) den Wucher begründen, wird die Straferhöhung wegen Verschleierung, welche bisher einer Umgehung des Gesetzes vorbeugen sollte, nur seltener eintreten und zwar hauptsächlich in den Fällen, wo zum Zweck der Verhüllung des Gewinnes ein Rechtsgeschäft der letztbezeichneten Art nicht dem wirklichen Parteienwillen entspricht, sondern nur scheinbar zur täuschenden Verdeckung des wahren Sachverhalts geschlossen worden ist.

Wenn auch die Grenze zwischen beiden Arten nicht immer scharf erkennbar sein wird, so kann das nicht sehr in's Gewicht fallen, da fortan, wenn sonst die Erfordernisse vorhanden sind, jedenfalls eine Bestrafung möglich ist.

2. Wenn das Versprechen der wucherischen Vortheile **wechselmäßig** erfolgt.

Der Wechsel (Tratte, Accept, Rimesse) bildet eine geschickte und daher beliebte Handhabe für wucherische Geschäfte. Die Straferhöhung tritt aber bloß dann ein, wenn der wucherische Gewinn in der Wechselsumme gleich mitenthalten ist, nicht aber dann auch, wenn bei Abschluß des wucherischen Geschäfts die Benutzung der Wechselform noch nicht vorgesehen war, vielmehr erst später zur Erfüllung des Versprechens ein Accept gegeben wird; ebensowenig in dem Falle, daß erst bei der Prolongation eines (nichtwucherlichen) Wechsels wucherliche Vortheile bedungen werden.

Darauf, ob der Bewucherte selbst oder ein Dritter den Wechsel acceptirt hat, oder ob der Wechsel an sich überhaupt gültig ist, kommt es hierbei nicht an.

3. Wenn das Versprechen wucherlicher Vermögensvortheile **unter Verpfändung der Ehre, auf Ehrenwort, eidlich oder unter ähnlichen Versicherungen oder Betheuerungen** erfolgt.

Solche Betheuerungen ziehen für den Betreffenden gewöhnlich die schwersten Folgen nach sich und können sogar unter Umständen die völlige Vernichtung seiner Lebensstellung verursachen. Sie können mündlich oder schriftlich, durch Handschlag oder auf andere Weise abgegeben werden; auf die Form, die ja stets mit einer gewissen ernsten Feierlichkeit umkleidet sein wird, kommt es sonst im Großen und Ganzen nicht an. Auch wird die thatsächliche Wirkung nicht in's Gewicht fallen. Dagegen müssen die Betheuerungen jedenfalls irgendwie zur Wahrnehmung dessen, dem das Versprechen abgegeben ist, gelangen.

4. **Wenn der Beschuldigte den Wucher gewerbsmäßig oder gewohnheitsmäßig betreibt.**

Die Gewohnheitsmäßigkeit zeigt sich in der eingewurzelten Neigung zu solchem verwerflichen Thun, in dem durch Uebung ausgebildeten Hange zu wiederholter Vornahme derartiger verpönter Handlungen. Dieser Straferhöhungsgrund setzt aber jedenfalls voraus, daß der Beschuldigte schon mehrere Male zuvor wucherische Geschäfte abgeschlossen hat.

Gewerbsmäßiger Wucherbetrieb liegt nicht dann schon vor, wenn der Beschuldigte das Geldverleihen überhaupt zum Gewerbe macht. Vielmehr ist dazu erforderlich, daß der Geldverleiher gerade aus der Erlangung wucherlicher Vermögensvortheile — also unter Ausbeutung der Nothlage, des Leichtsinns oder der Unerfahrenheit Anderer — sich eine wenigstens für einige Zeit dauernde Einnahmequelle, ein stehendes Einkommen zu verschaffen beabsichtigt, wenn auch nicht gerade als einzige Quelle zum ausschließlichen Lebensunterhalt.

Aus einer wiederholten Bestrafung wegen Wuchers allein kann also noch nicht ohne Weiteres auf gewerbsmäßigen Wucherbetrieb geschlossen werden. Dagegen genügt dazu schon eine einzige Wucherhandlung, sofern dabei zu Tage tritt, daß ihr die Absicht zu Grunde liegt, die auf Erzielung wucherlichen Gewinns gerichtete Thätigkeit in jedem ferneren sich darbietenden Falle in gleicher Weise fortzusetzen.

IV. Wie verhält es sich mit dem Sachwucher?

Der sogenannte Sachwucher ist erst durch die neueste Gesetzgebung für strafbar erklärt worden. Er hat mit dem soeben behandelten Kreditwucher das gemeinsam, daß auch bei ihm der Bestrafung als Wucherer ein Jeder verfällt, der unter Ausbeutung der Nothlage, des Leichtsinns oder der Unerfahrenheit eines Anderen sich oder einem Dritten übermäßige Vermögensvortheile versprechen oder gewähren läßt. Darüber sind die Ausführungen S. 7 ff. zu vergleichen.

Ein Unterschied zwischen Kredit- und Sachwucher besteht aber hauptsächlich

a) in der zu Grunde liegenden Geschäftsart,
b) in dem Maßstab für die Beurtheilung des Gewinnes.

a) Während der Kreditwucher bei dem S. 8, 9 bezeichneten, beschränkten Kreis von Geschäften, welche lediglich die Gewährung oder Verlängerung von Kredit, das Borgen 2c. zum Gegenstande haben, zur Ausübung gelangt, erstreckt sich der sogenannte Sachwucher auf alle die mannigfachen sonstigen Arten von Rechtsgeschäften. Er kann also z. B. mit jedem Kauf-, Trödel- oder Lieferungsgeschäft, mit einem Mieths- oder Pachtverhältniß, mit einem Verdingungs-, Dienst- oder Arbeitsvertrag, mit jedem Kommissions- oder Vermittelungsgeschäft in Verbindung stehen und umfaßt sonach den sogen. Waarenwucher und Miethswucher, Grund- und Bodenwucher, Hypothekenwucher, Getreidewucher, Patentwucher, die Grundstückszerstückelungen, Güterschacher und Güterschlächterei, den Forderungskauf, die Viehleihe (Viehverstellung[1]), den Viehverkauf und Viehtausch, die Abzahlungs- und Schleudergeschäfte, sowie Auktionen und Versteigerungen[2]), den Terminhandel, die Kartelle, Ringe, Submissionen, Lotterien u. a. m.

In alle Zweige von Handel und Wandel und menschlicher Thätigkeit[3]) kann der Sachwucher eindringen, in allen Schichten der menschlichen Gesellschaft ist ihm der Boden bereitet. Auch die Ausnutzung der menschlichen Arbeitskraft, der rein mechanischen, sowie der geistigen oder künstlerischen Thätigkeit kann er — zum Vortheil oder Nachtheil des dieselbe Ausübenden — treffen, weshalb die Bezeichnung „Sachwucher" als zu eng gefaßt und nicht erschöpfend genug erscheinen muß.

---

[1]) In Elsaß-Lothringen muß gesetzlich der Viehversteller bei Strafe den Werth des Viehes durch zwei amtliche Schätzer abschätzen lassen und dem Bürgermeister vor der Verstellung Anzeige erstatten.

Im Uebrigen unterliegt fortan für das ganze Reich der gewerbsmäßige Betrieb der Viehverstellung (Viehpacht), des Viehhandels und des Handels mit ländlichen Grundstücken obrigkeitlicher Kontrole und kann sogar im Falle der Unzuverlässigkeit des Gewerbetreibenden untersagt werden.

[2]) Das Abhalten öffentlicher Versteigerungen kann durch polizeiliche Anordnungen geregelt und dabei besonders das Verabfolgen geistiger Getränke gegen Strafe verboten werden.

[3]) Sind Preise und Vergütungen gesetzlich geregelt, wie für Apothekerwaaren, Gebühren der Rechtsanwälte, Notare u. a., so können Forderungen innerhalb der festgesetzten Grenzen niemals Wucher begründen.

b) Die Strafbarkeit des sog. Sachwuchers hängt nun davon ab, daß die erzielten Vermögensvortheile

den Werth der dafür gewährten oder zu gewährenden Gegenleistung dergestalt überschreiten, daß nach den Umständen des Falles die Vermögensvortheile in auffälligem Mißverhältniß zu der Leistung stehen.

Ein allgemeiner Maßstab, wie er für den Kreditwucher in dem üblichen Zinsfuß (s. Seite 10) gegeben ist, fehlt hier und wird gewiß häufig sehr vermißt werden. Ob ein auffälliges Mißverhältniß zwischen Vortheil und Gegenleistung (s. S. 12) vorliegt, wird sich daher nur unter eingehender, sorgsamer Berücksichtigung der für den einzelnen Fall in Betracht kommenden Umstände, sowie der einschlägigen, allgemeinen Geschäfts- und Verkehrsverhältnisse beurtheilen lassen. Insbesondere werden alle Verhältnisse und Umstände, die auf die Preisbildung und den Arbeitsmarkt von Einfluß zu sein pflegen, hierbei zu würdigen sein. Maßgebend sind auch hier stets Zeit und Ort des Geschäftsabschlusses.

Wegen der Schwierigkeit der Feststellung des Sachwuchers ist nun ferner besondere Vorkehr getroffen worden, eine Gefährdung des reellen Geschäftsverkehrs möglichst zu vermeiden und dem Abschlusse lukrativer Geschäfte nicht unnöthige, lästige Hindernisse in den Weg zu legen. Dementsprechend ist, um nicht etwa schon eine einmalige Ausnützung günstiger Umstände und Erzielung hohen Geschäftsgewinnes als verwerflich hinzustellen, die Bestrafung des Sachwuchers endlich noch davon abhängig gemacht,

daß er gewerbs- oder gewohnheitsmäßig betrieben wird.

Wann dies zutrifft, ist S. 20 des Näheren erläutert. Was dort vom Geldverleihen gesagt ist, wird hier auf alle sonstigen Geschäfte zu verallgemeinern sein.

Damit ist Jedem ein Schutz gegen Uebervortheilung bezw. gegen übermäßigen Preisdruck gegeben, wenn es sich um solche Anschaffungen oder Veräußerungen, sowie um Gewährung solcher Leistungen handelt, die zum Lebensunterhalt, zur Erhaltung und Sicherung der wirthschaftlichen Existenz 2c. dringend nöthig sind.

Andererseits ist allerdings nicht zu leugnen, daß durch diese neue gesetzliche Maßregel auch die frivole Anfechtung reeller Geschäfte sehr erleichtert wird.

In enger Berührung mit dem Sachwucher wird häufig der (verschleierte) Kreditwucher (s. S. 18) stehen. Wo ersterer nicht nachzuweisen ist, wird bisweilen wenigstens das Vorliegen des letzteren festzustellen sein.

V. Wer gilt als Mitschuldiger beim Wucher?

Wenn mehrere Personen bei einem strafbaren Wuchergeschäft derart betheiligt sind, daß sie sämmtlich dem Bewucherten gegenüber als Geldgeber oder Geldbesorger — beim Sachwucher als Käufer, Verkäufer, Auftraggeber, Unternehmer u. dgl. — erscheinen, so wird Jeder von ihnen als Thäter bestraft. Dazu ist nicht unbedingt nöthig, daß zwischen den Mitthätern deshalb eine vorherige Verabredung stattgefunden hat; die Bestrafung setzt also nur irgend eine Mitwirkung bei der Strafthat, bei dem Sichversprechenlassen oder Sichgewährenlassen wucherischer Vortheile voraus.

Strafbar ist aber schon derjenige, der allein durch Rath oder That dem Wucherer nur irgendwie Hülfe geleistet hat. Eine Bestrafung für solche, die Hauptthat fördernde Beihülfe kann jedoch nur dann stattfinden, wenn der Hauptthäter wegen Wuchers wirklich verurtheilt wird. Sie setzt ferner voraus, daß der die Beihülfe Leistende (juristisch Gehülfe genannt) weiß, was für einer Sache er dient, daß er also das Vorliegen der oben bezeichneten Wuchermerkmale ebenfalls im Wesentlichen gekannt hat. Ob der Gehülfe für seine Thätigkeit belohnt wird und von wem, ob er im Auftrage eines Anderen oder in eigenem Interesse und aus eigenem Entschlusse handelt, ob der Hauptthäter von der Beihülfe weiß und sie billigt, ist im Uebrigen ohne Bedeutung.

In gleicher Weise ist auch der Anstifter, d. h. derjenige strafbar, der einen Anderen zum Wucher verleitet, sei es durch Geschenke, Versprechungen, Ueberredung, Herbeiführung oder Beförderung eines Irrthums, Drohung, Mißbrauch des Ansehens oder der Gewalt oder durch andere Mittel. Der Anstifter bleibt gewöhnlich unsichtbar im Verborgenen und schickt nur seine Werkzeuge vor.

Hiernach lassen sich also alle Theilnehmer am Wuchergeschäft, auch die Zutreiber, Vermittler, Agenten, Kommissionäre, Strohmänner u. dgl. zur Verantwortung ziehen.

Um nun auch die weitere Ausnützung des Kreditwuchers durch die Hintermänner zu vereiteln, droht das Gesetz die Wucherstrafen ferner demjenigen an, welcher eine Wucherforderung als Cessionar, Geschenknehmer, Erbe oder sonstwie **für sich erwirbt und sie sodann entweder** (ganz oder zum Theil) **weiter veräußert oder die wucherlichen Vermögensvortheile** (selbst oder durch Andere) **geltend macht.** Woher und wie die Forderung erworben, an wen sie weiterveräußert wird, ist hierbei ganz gleichgültig, ebenso die Höhe des Preises. Die Geltendmachung der Vortheile, also die Realisirung der Forderung, kann nicht bloß durch Einziehung und Einklagung, sondern auch schon durch Zahlungsaufforderung, durch fernere Stundung, durch Anmeldung im Konkurse oder sonstwie erfolgen.

In allen Fällen ist aber auch hier eine wesentliche Voraussetzung der Strafbarkeit, daß der Erwerb der Wucherforderung und die weitere Verfügung darüber mit Kenntniß des Sachverhalts, d. h. also der Vorgänge, welche der Forderung den Charakter einer wucherlichen aufgedrückt haben, erfolgt ist. Wer daher eine solche ohne Kenntniß des anhaftenden Wuchers erwirbt, bleibt straflos, selbst dann, wenn er nachträglich davon erfährt. Selbstredend kann in diesem Falle auch die weitere Geltendmachung ihn nicht straffällig machen.

Der Umstand, daß wegen des Wuchergeschäfts weder der Geldgeber noch sonst ein Mitschuldiger bisher gerichtlich belangt worden sei, steht einer Bestrafung des Erwerbers keinesfalls entgegen. Ist andererseits gerichtlich ausgesprochen, daß in dem ursprünglichen Geschäft ein strafbarer Wucher nicht zu erblicken sei, so ist damit zugleich der gute Glaube des Erwerbers und dessen Straflosigkeit außer Frage gestellt.

Eine selbständige Bestrafung (d. h. nicht wegen Wuchers) zieht endlich, wie hier noch ergänzend bemerkt werden mag, die sogen. Begünstigung nach sich, sofern sie nicht von Angehörigen gewährt wird. Dieselbe besteht darin, daß dem Wucherer in irgend einer Weise Beistand geleistet wird zu dem Zwecke, um ihn der Bestrafung zu entziehen oder ihm die wucherlichen Vortheile zu sichern.

VI. Wie wird der Wucher bestraft?

Wer sich des Kreditwuchers schuldig macht, wird mit Gefängniß bis zu 6 Monaten und zugleich mit Geldstrafe bis zu 3000 Mark bestraft. Diese Strafen können bis auf's Doppelte steigen, wenn Wucher unter den III. 1—3 (S. 18, 19, 20) erwähnten, erschwerenden Umständen vorliegt. Ist außerdem der Wucher gewerbs- oder gewohnheitsmäßig betrieben (S. 20 Nr. 4), so steht darauf Gefängniß nicht unter 3 Monaten und zugleich Geldstrafe von 150 bis 15000 Mark; die gleiche erhöhte Strafe trifft auch den Sachwucher. In allen Fällen kann dazu noch auf Verlust der bürgerlichen Ehrenrechte für ein bis 5 Jahre erkannt werden, aber nur dann, wenn mindestens 3 Monate Gefängniß auferlegt sind. Kann die Geldstrafe nicht beigetrieben werden, so wird sie nach dem Maßstab von einem Tag Gefängniß für 3 bis 15 Mark in Gefängnißstrafe umgewandelt, wobei aber insgesammt höchstens ein Jahr herauskommen darf.

Mit der Wucherthat können übrigens noch andere strafbare Handlungen verbunden sein, wie Betrug, Urkundenfälschung, Unterschlagung, Erpressung u. a., für die dann noch die besonderen Strafen auferlegt werden. Ueber die selbständige Bestrafung des unerlaubten Kreditgebens an Minderjährige ist S. 17, 18 das Erforderliche ausgeführt.

VII. Wie wird die Bestrafung herbeigeführt und wie schützt man sich dagegen?

Der Wucher gehört nicht zu den sogenannten Antragsvergehen. Die Strafverfolgung ist demnach nicht von einem bestimmten Antrag abhängig; vielmehr haben auch ohne solchen Staatsanwalt und Gericht, sobald die Wucherthat zu ihrer Kenntniß gebracht worden ist, von Amtswegen vorzugehen. Es genügt in dieser Beziehung somit eine schriftliche oder mündliche Anzeige bei der Staatsanwaltschaft oder der Polizei oder auch beim Amtsgericht.

Soll die Anzeige Erfolg haben, so müssen in ihr alle in Betracht kommende Abmachungen, Vorkommnisse und Umstände genau und wahrheitsgetreu dargelegt und für alle Behauptungen die vorhandenen Beweismittel, wie Urkunden, Zeugen &c. angeführt werden. Dabei ist zu bedenken, daß den Beschuldigten keine Beweislast trifft, daß er jegliche Auskunft verweigern kann, auch nicht vereidigt werden darf. Alles, was dem Verdächtigen nachgesagt wird, muß ihm also auch klar nachgewiesen werden.

Giebt die Staatsanwaltschaft der Anzeige keine Folge, so kann man binnen 2 Wochen dagegen kostenfrei Beschwerde bei der Ober-Staatsanwaltschaft beim Oberlandesgericht erheben. Lehnt auch diese die Verfolgung ab, so bleibt als weiterer Ausweg, falls Antragsteller zugleich der Verletzte ist, noch der Antrag auf gerichtliche Entscheidung. Derselbe ist spätestens binnen einem Monate bei dem zuständigen Landgerichte zu stellen und muß von einem Rechtsanwalt gefertigt oder wenigstens unterzeichnet sein. Wird dieser Antrag abgelehnt, so fallen dem Antragsteller die Kosten zur Last, nämlich an Gerichtsgebühren 50 Mark, an Rechtsanwaltsgebühren 10 Mark, dazu die baaren Auslagen (Schreibgebühren, Porti u. s. w.). Beschließt das Gericht die Erhebung der öffentlichen Klage, so empfiehlt es sich, in einer dem Gericht zu übersendenden Erklärung sich als Nebenkläger anzumelden. Man erlangt nämlich dadurch ähnliche Rechte wie der Staatsanwalt und ist insbesondere zur selbständigen Einlegung von Rechtsmitteln befugt.

Der Beschuldigte, der sich frei von Schuld fühlt, wird darauf bedacht sein müssen, schon bei seiner ersten Vernehmung alle Thatsachen und Umstände, die für ihn sprechen und nach dem Inhalt der hier voraufgehenden Darstellung (II) ihn entschuldigen und vom Verdacht reinigen können, auch wenn sie an sich geringfügig erscheinen, mit ernster Genauigkeit und Sorgfalt unter bestimmter Angabe der Beweismittel vorzubringen. Er kann sich in jeder Lage des Verfahrens des Beistandes eines Vertheidigers bedienen, und wird gut daran thun, schon im Vorverfahren einen Rechtsanwalt herbeizuziehen. Die ihm dadurch erwachsenden Kosten können, falls er demnächst freigesprochen oder außer Verfolgung gesetzt wird, der Staatskasse auferlegt werden, allerdings nur soweit sie innerhalb der durch die Gebührenordnung gesteckten Grenzen bleiben.

Staatsanwalt und Beschuldigte können übrigens Beweismittel auch noch in der Hauptverhandlung vorbringen.

Zu beachten ist noch, daß Unkenntniß des Gesetzes den Beschuldigten nicht von Strafe befreit, ebensowenig ein Irrthum oder eine unzutreffende persönliche Ansicht hinsichtlich der gesetzlichen Vorschriften.

VIII. Wann verjährt die Strafverfolgung?

Die Strafverfolgung verjährt in 5 Jahren von dem Tage ab, an welchem die Wucherthat begangen ist, d. h. an welchem die Annahme des Versprechens übermäßiger Vermögensvortheile erfolgt ist, oder falls ein solches Versprechen nicht abgegeben worden, an welchem die Vortheile zuletzt gewährt sind. Bei gewohnheits- oder gewerbsmäßigem Wucher beginnt die Verjährung erst mit gänzlicher Beendigung dieses Treibens, also mit der letzten Geschäftshandlung. Die Verjährung tritt ein, wenn bis zum Ablauf der fünfjährigen Frist nicht eine Handlung des Strafrichters wegen der begangenen That gegen den Thäter stattgefunden hat.

IX. Wie sind die Verhältnisse der Pfandleiher und Rückkaufshändler?

Der Geschäftsbetrieb der konzessionirten Pfandleiher und Rückkaufshändler, Pfandleihanstalten, Leihhäuser 2c. unterliegt der staatlichen Regelung und Ueberwachung. Auch der Zins, den sie nehmen dürfen, ist ihnen festgesetzt. Er beträgt in Preußen höchstens monatlich für jede Mark 2 Pf., für jede den Betrag von 30 Mark übersteigende Mark aber nur 1 Pf. Dabei wird jeder angefangene Monat voll gerechnet; ferner können jedenfalls mindestens für zwei Monate Zinsen ausbedungen werden. Was mehr gefordert ist, muß unter allen Umständen zurückgezahlt und mit 6 pCt. verzinst werden. In Sachsen und Württemberg betragen die Zinsen ebensoviel; in Bayern pro Monat 1 pCt., in Baden bei einem Darlehen bis 30 Mark 1½ pCt., darüber hinaus 1 pCt.

Die genannten Geschäfte werden zwar im Allgemeinen ebenfalls von den Wuchervorschriften getroffen, nehmen aber in doppelter Hinsicht eine Ausnahmestellung ein.

Einerseits können sie in keiner Weise wegen Wuchers belangt werden, solange sie nur die vorgeschriebenen Zinsen nehmen, obwohl dieselben, besonders bei kürzeren Fristen, nicht unbedeutend sind.

Andererseits verfallen sie, sobald sie bei Ausübung ihres Gewerbes mehr als die vorgeschriebenen Zinsen nehmen, unter allen Umständen einer besonderen Strafe, selbst wenn kein Wucher vorliegt. Diese nicht als Wucherstrafe geltende Ahndung besteht in Geldstrafe bis 150 Mark oder Haft.

Im Uebrigen werden sie in diesem Falle bezüglich des Wuchers ganz ebenso wie jeder Andere beurtheilt und behandelt. Für Rückkaufshändler ist in dieser Beziehung vorgeschrieben, daß die Zahlung des Kaufpreises als Hingabe des Darlehns und der Unterschied zwischen Kaufpreis und Rückkaufspreis als bedungene Vergütung gilt.

X. Welche vermögensrechtlichen Folgen hat der Wucher?

Verträge, welche sich nach den Darlegungen unter II. und IV. (Seite 6, 21) als wucherische kennzeichnen, sind ungültig und gelten also als überhaupt nicht geschlossen, und zwar auch dann, wenn eine Bestrafung deshalb nicht erfolgt. Die Ungültigkeit trifft das ganze Geschäft — Kapital, Zinsen, Pfandbestellung u. a. — und nicht etwa bloß die Ausbedingung wucherlicher Vortheile. Hat die Bewucherung erst bei der Stundung einer an sich gültigen Forderung stattgefunden, so tritt erst dann die Ungültigkeit des Geschäfts ein.

Die Folge der Ungültigkeit ist die, daß beide Theile das auf Grund des Vertrages Empfangene (auch Schuldschein, Wechsel u. dgl.) herausgeben müssen. Genauer so:

Sämmtliche seit dem wucherischen Geschäftsabschluß von dem Bewucherten*) oder für ihn (d. i. von Angehörigen, Bürgen ꝛc.) geleisteten Vermögensvortheile (siehe Seite 7) müssen nicht bloß

---

* Im Gesetz ist allerdings der Ausdruck „Schuldner", der früher zutreffend war, stehen geblieben. Nach der Absicht des Gesetzes wird jetzt damit aber auch der bewucherte Käufer, Verkäufer, Lieferant, Arbeiter, Künstler ꝛc. verstanden werden müssen.

zurückgewährt, sondern noch dazu, soweit sie in Geld bestehen oder darin umgewandelt sind, verzinst werden und zwar meist wohl zu 6 pCt.

Auch wenn die gewährten Vermögensvortheile und in Folge des Wuchervertrages dem Wucherer übergebenen Sachen verbraucht, verloren, vernichtet, verkauft oder sonst auf Dritte übergegangen oder untergegangen sind, bleibt doch die Pflicht der Rückgewähr und der Verzinsung sowie die volle Haftung für die Interessen des Bewucherten bestehen. War z. B. eine Forderung des Bewucherten an den Wucherer cedirt, so hat dieser, was er darauf bereits eingezogen hat, herauszugeben; im Uebrigen geht die Forderung zur Einziehung wieder auf den Bewucherten zurück.

Umgekehrt muß der des Wuchers Schuldige, wenn er gegen wucherisch hohen Preis Gegenstände verkauft oder geliefert hat, jedenfalls den in dem Kaufpreis steckenden wucherlichen Gewinn mit Zinsen zurückzahlen, auch gegen Rückempfang der Gegenstände den Rest des Kaufgeldes erstatten.

Betraf das wucherische Geschäft Dienst- und Arbeitsleistungen, so ist, wenn solche laut der Wucherabrede unter dem üblichen und gerechtfertigten Preissatz vom Bewucherten gewährt werden mußten, diesem die Preisdifferenz mit Zinsen nachträglich herauszuzahlen. Hatte dagegen der des Wuchers Schuldige für eigene Leistungen wucherische Vergütung sich versprechen lassen, so muß das Uebermaß über den gebräuchlichen, zulässigen Vergütungssatz dem Bewucherten erstattet werden.

Für die Rückgewähr und Verzinsung in der obengedachten Weise sind alle Diejenigen, welche sich des Wuchers schuldig gemacht haben (s. Seite 24), verhaftet und zwar solidarisch, d. h. Alle für Einen und Einer für Alle, so daß jeder Einzelne für das Geleistete belangt werden kann, natürlich nur, bis das Ganze einmal berichtigt ist. Derjenige, welcher mit Kenntniß des Sachverhalts eine wucherische Forderung erworben und geltend gemacht hat (s. Seite 25), haftet aber nur in Höhe des Betrages, den er selbst oder der Dritte, auf welchen die Wucherforderung übergegangen ist, empfangen hat; dafür aber dann ebenfalls solidarisch mit den sonstigen früheren Verpflichteten.

Dieses Rückforderungsrecht verjährt in 5 Jahren seit dem Tage, an welchem die Leistung erfolgt ist.

Andererseits ist aber auch der des Wuchers Beschuldigte*) berechtigt, das aus dem ungültigen Vertrage von ihm oder für ihn Geleistete zurückzufordern, ohne aber Zinsen oder sonst eine Vergütung für die Benutzung beanspruchen zu können. Für diesen Anspruch haftet die für die vertragsmäßige Forderung bestellte Sicherheit (wie Hypothek, Pfand, Bürgschaft u. A.). Selbstredend wird zwischen beiden Theilen das, was einer dem andern schuldig ist, gegenseitig angerechnet (kompensirt) werden können. Demnach wird auch der von dem Bewucherten für eine Sache oder Leistung bezogene Geldbetrag, soweit er nicht in Vermögensvortheilen (Gewinn) besteht, nur Zug um Zug gegen Rückgabe der Sache oder Leistung zu verabfolgen sein.

Beide Theile können also jedenfalls nicht mehr zurückverlangen, als was von ihnen geleistet worden ist. Für das, was nicht mehr zurückgewährt werden kann, wird nur der entsprechende Werth, das Interesse, zu beanspruchen sein.

Was nun noch die Frage betrifft, wie es mit den Rechten und Pflichten Derjenigen bestellt ist, welche mit dem Wuchergeschäft als Erwerber der Forderung, der Sache oder sonstwie in Beziehung stehen, ohne aber selbst der Theilnahme am Wucher schuldig zu sein, so liegen die betreffenden Verhältnisse zu verschiedenartig und

*) Auch hier wird die beibehaltene frühere Bezeichnung „Gläubiger“ in Folge Erweiterung des Wucherbegriffs in entsprechend umfangreicherem Sinne aufzufassen sein.

sind zu mannigfaltig, als daß sie einheitlich geregelt werden könnten. In dieser Hinsicht kann in dem einzelnen Falle also lediglich auf die entsprechenden reichs- oder landesrechtlichen Vorschriften zurückgegriffen werden. Unter allen Umständen bleiben aber mindestens die dem Wucherer zugesprochenen Rechte auch seinem Rechtsnachfolger (Cessionar, Käufer u. s. w.) erhalten. Kann diesem die Ungültigkeit des Vertrages entgegengesetzt werden, so bleibt ihm also danach der Anspruch auf Dasjenige gewahrt, was aus dem Rechtsgeschäft, in welches er eingetreten ist, von Seiten seiner Vordermänner wirklich geleistet worden ist. Steht ihm aber die Ungültigkeit des Vertrages nicht entgegen, so bleiben ihm auch alle seine weitergehenden Rechte unberührt bestehen.

XI. Wie macht man seine Vermögensrechte beim Wucher geltend?

Die Geltendmachung der Ansprüche des Bewucherten im Civilprozeßwege kann auf zweierlei Weise erfolgen, nämlich entweder durch Klageerhebung oder durch Einreden in einem gegen den Bewucherten angestrengten Prozesse.

Was die Einklagung betrifft, so ist da zuerst zu erwägen, ob es nicht praktischer ist, falls noch keine Verurtheilung wegen Wuchers stattgefunden hat, zunächst eine solche im strafgerichtlichen Wege herbeizuführen (s. S. 27). Es hat dieses Vorgehen nämlich den Vortheil, daß bei der Strafverfolgung alle Ermittelungen von Amtswegen vorgenommen werden, eine Beschlagnahme der Bücher oder sonstiger Ueberführungsstücke, sowie eine zeugeneidliche Vernehmung des Bewucherten erfolgen kann, daß ferner dem Bewucherten in der Regel keine Kosten aus dem Verfahren erwachsen. Andererseits ist mit dem Strafverfahren für den Bewucherten der Nachtheil verbunden, daß er, sofern er nicht als Nebenkläger auftreten kann (s. Seite 28), keine durchgreifende Einwirkung auf das Verfahren weiter hat und die Schuldigen nicht zum Eide bringen kann. Ueberdies läßt sich im Strafprozeß nicht etwa die Zuerkennung einer Buße als Entschädigung herbeiführen. Dazu kommt, daß die strafrechtliche Feststellung über das Vorliegen einer Wucherthat für den Prozeßrichter durchaus nicht bindend ist.

Vor der Einklagung ist Demjenigen, der ein Armuthsattest von der Ortsobrigkeit erlangen kann, anzurathen, bei dem Gericht das Armenrecht, welches vorläufige Kostenfreiheit gewährt, nachzusuchen. Anderenfalls möge man reiflich prüfen, ob auf Grund der vorhandenen Beweismittel das Gewinnen des Prozesses in sichere Aussicht genommen werden kann. Denn die entstehenden Prozeßkosten*) sind recht bedeutend und können unter Umständen den Streitgegenstand weit überschreiten.

In allen Fällen liegt dem Kläger der Beweis ob, daß sich der Gegner bei dem Geschäft des Wuchers schuldig gemacht habe. Dies trifft auch zu bei Einreden des Bewucherten in einem gegen ihn angestrengten Prozeß. Hier wird derselbe zugleich wegen der etwa schon entrichteten Zinsen oder sonstigen Zuwendungen und Leistungen Widerklage erheben können.

Liegt die Sache nur im Geringsten zweifelhaft, so ist es das Beste, sie unter Aufgabe eines Theils der Ansprüche durch Vergleich zu erledigen.

XII. Was ist wegen der jährlichen Mittheilung von Rechnungsauszügen vorgeschrieben?

Eins der gebräuchlichsten Manöver, um der wucherischen Ausbeutung, besonders in den Kreisen der ländlichen Bevölkerung, den Boden zu bereiten, besteht bekanntlich darin, daß durch Hinausschiebung und Verzögerung der Abrechnung der Geschäftsunkundige über Art und Umfang der eingegangenen Verpflichtungen im Unklaren gelassen und das Rechtsverhältniß verdunkelt wird.

---

*) Alles Wissenswerthe in dieser Beziehung findet man in Pfafferoth's Prozeßkostenbuch (Berlin, J. J. Heine).

Um diesem Uebelstand fortan in allen Fällen, auch wo kein Wucher vorliegt, möglichst entgegenzutreten, ist die **jährliche Mittheilung von Rechnungsauszügen allen Denen, die aus dem Betriebe von Geld- und Kreditgeschäften ein Gewerbe machen**, allgemein als Pflicht auferlegt worden.

Dies bezieht sich in erster Linie auf Darlehns- und Stundungsgeschäfte und die Seite 9 unter c behandelten, den gleichen wirthschaftlichen Zielen dienenden Geschäfte; ferner auf alle sonstigen Geschäfte jedweder Art, bei denen nicht Leistung und Gegenleistung gleichzeitig Zug um Zug ausgewechselt werden, sondern wo der Eine dem Andern daraus einen Betrag schuldig bleibt, wie z. B. bei den sogen. Abzahlungsgeschäften, wo der Kaufpreis ratenweise entrichtet wird. Vorausgesetzt wird aber, daß bei solchen Geschäften das Kreditiren, Borgen des Preises oder der Vergütung von vornherein ins Auge gefaßt ist, daß also der Geschäftsmann solche Geschäfte nicht per Kassa abzuschließen pflegt und daß der Geschäftsbetrieb in dieser Weise auch gewerbsmäßig geschieht. Ein gewisser Anhalt hierfür wird darin erblickt werden können, daß durch vorgedruckten Vermerk in der Faktura Jedem ohne Weiteres eine bestimmte Frist und umgekehrt bei Baarzahlung ein Diskonto gewährt wird, oder auch daß für das Kreditiren ein besonderer Vortheil, sei es durch Verzinsung oder durch entsprechende Erhöhung des Preises gefordert wird.

Der gedachten Verpflichtung unterliegen danach vor Allem die Banken und Kreditanstalten, Landschaften, Darlehnskassen, Vorschuß- und Kreditvereine u. dgl., sowie die Bankiers, Pfandleiher, sonstige Geldverleiher und Agenten, ferner aber auch unter Umständen Handel- und Gewerbetreibende jeglicher Art: Kaufleute und Industrielle, Handelsleute, Krämer, Trödler, Gastwirthe, Unternehmer, Handwerker 2c.

Getroffen wird von dieser Pflicht dagegen nicht das Waarengeschäft im Allgemeinen, sofern dabei nur unter gewissen Umständen ausnahmsweise Kredit gewährt wird, ferner Derjenige, der (als Rentier, Offizier, Beamter u. dgl.) sein Vermögen, bloß um es fest und zinsbar anzulegen, an Andere ausleiht, ohne damit zugleich einen berufsmäßigen Erwerb zu verbinden.

Die Verpflichtung fällt ferner hinweg,

a) wenn das am Jahresschluß noch vorhandene Schuldverhältniß nur auf einem einzigen, während des abgelaufenen Geschäftsjahres abgeschlossenen Rechtsgeschäft beruht, über dessen Entstehung und Ergebniß dem Schuldner bereits eine schriftliche Mittheilung behändigt ist, wobei zu bemerken ist, daß in der Prolongation schon wieder ein neues Rechtsgeschäft liegt;

b) überhaupt bei dem Geschäftsverkehr zwischen Kaufleuten, deren Firma in das Handelsregister eingetragen ist.

Ganz befreit von der Verpflichtung sind die öffentlichen Banken (wie Reichsbank, Seehandlung in Berlin, staatliche, kommunalständische oder von Städten im öffentlichen Interesse betriebene Banken), die Notenbanken, die Bodenkreditinstitute und Hypothekenbanken auf Aktien, die öffentlichen (d. h. staatliche oder kommunale) Leihanstalten, die Spar- und Darleihinstitute öffentlicher Korporationen (z. B. von Kommunen, Kirchen, Stiftungen und dergleichen), sowie endlich die eingetragenen Genossenschaften, soweit es sich bei ihnen um den Geschäftsverkehr mit den Mitgliedern handelt.

Die bezeichnete **Verpflichtung besteht** nun **darin**, daß der Betreffende für jedes Geschäfts- (Bilanz-) Jahr nach Abschluß seiner Bücher und Rechnungen unaufgefordert binnen drei Monaten nach Schluß des Geschäftsjahrs (ist dies das Kalenderjahr also spätestens bis zum folgenden 31. März) Jedem, welcher ein oder mehrere Geschäfte der vorbezeichneten Art mit ihm abgeschlossen hat und daraus sein Schuldner geworden und geblieben ist, einen schriftlichen Auszug dieser Rechnung mitzutheilen hat, auch wenn der Schuldner außerhalb Deutschlands sich aufhält. Wer hierbei ganz sicher gehen will, wird den Auszug mittels eingeschriebenen Briefes behändigen lassen.

Der Auszug muß außer dem Endergebniß der Rechnung, dem Saldo oder Gesammtschuldbetrag, auch erkennen lassen, wie dieses Saldo entstanden ist, also einen Einblick darüber gewähren, auf welche Weise die Schuld nach und nach sich gebildet hat, auf welchen Einzelgeschäften sie beruht, wie und in welcher Höhe die Zinsen und sonstigen Nebenforderungen entstanden sind und welche Umwandlung das Schuldverhältniß etwa erfahren hat.

Der Auszug muß also über alle am Jahresschluß schwebenden Geschäfte Aufschluß geben, braucht sich dagegen nicht auch auf die erst später zu Stande gekommenen Geschäfte zu erstrecken. Ein solcher Auszug ist selbst dann, wenn sich an dem früheren Schuldverhältniß nichts geändert hat, zu verabfolgen. Auch ein Verzicht des Schuldners, mag er im Vertrage oder erst später ausgesprochen sein, kann diese Pflicht nicht aufheben, es sei denn, daß aus dem Anerkenntniß des Schuldners hervorgeht, daß derselbe die durch den Auszug ihm zu gebende Kenntniß bereits vollständig besitzt. Erledigt sich das Schuldverhältniß innerhalb der drei Monate nach Jahresschluß vollständig, so wird durch die dabei stattfindende, gegenseitige Berechnung die Mittheilung eines Auszugs in der Regel ebenfalls überflüssig werden.

Wer sich dieser Verpflichtung vorsätzlich entzieht, also überhaupt nicht oder erst nach Ablauf der Frist von drei Monaten den Auszug mittheilt, oder wer dem Auszug nicht den vorgeschriebenen Inhalt giebt, wird in jedem Falle, sofern sich nicht die Unterlassung als unverschuldet erweist, mit Geldstrafe bis 500 Mark oder mit Haft bis zu sechs Wochen **bestraft.** Die Unterlassung muß dem Gläubiger nachgewiesen werden.

Außerdem **verliert** er dann aber auch den **Anspruch auf die rückständigen Zinsen** für das verflossene Jahr hinsichtlich aller derjenigen Geschäfte, die in den Rechnungsauszug mitaufzunehmen waren, aber darin nicht berücksichtigt sind. Dieser Verlust tritt stets ohne Weiteres bei Ablauf der dreimonatigen Frist nach Jahresschluß ein, gleichviel ob eine Bestrafung stattgefunden hat oder nicht. Provisionen und andere Vergütungen stehen in dieser Hinsicht den Zinsen nur dann gleich, wenn dies aus der Verabredung hervorgeht. Andererseits wird der Anspruch auch dann in der Regel verloren gehen, wenn bis zu dem bezeichneten Fristablauf die restirenden Zinsen in eine andere Art von Verbindlichkeit umgewandelt sind, z. B. wenn sie in einem darüber ausgestellten Schuldschein als Darlehen bezeichnet oder in den Betrag eines neuen Wechsels aufgenommen werden.

Der erste Rechnungsauszug kann sich auf diejenigen Geschäfte beschränken, die seit dem Inkrafttreten des neuen Wuchergesetzes (vom Juni 1893 ab) abgeschlossen sind.

Wegen der Art und Weise, wie eine Bestrafung wegen Unterlassung der Mittheilung eines genügenden Auszugs herbeizuführen oder die Befreiung des Schuldners von Zinszahlung geltend zu machen ist, kann auf die auch hier anwendbaren Winke S. 27 u. 33 hingewiesen werden.

Bei der ungewöhnlichen Tragweite dieser neuen Einrichtung ist Jedem, der dadurch Schaden leiden kann, die größte Vorsicht anzuempfehlen!

Ullstein's Buchdruckerei, Berlin SW.

Ullstein & Buchdruckerei, Berlin S.W.